Pingüinos de la Antártida

Lucía M. Sánchez

y

Trace Taylor

pingüino papúa

Este es un pingüino.

Los pingüinos pueden correr por la arena.

Pueden nadar en el agua.

También se pueden mover por la nieve.

3

pingüino crestado

Todos los pingüinos tienen plumas.

Algunos tienen una cresta con plumas amarillas.

Otros tienen plumas anaranjadas en el cuello.

Pero todos ellos tienen plumas blancas.

pingüino rey

Todos los pingüinos tienen pico.

Usan su pico para comer y beber.

También lo usan para dar de comer a sus bebés.

El pico es una parte de su cuerpo.

7

pingüino rey

Todos los pingüinos tienen patas.

Sus patas pueden ser anaranjadas.

Pueden ser rosadas.

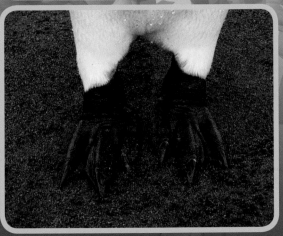

Algunos las tienen negras.

pingüino Adelia

Dentro de este huevo hay un bebé de pingüino.

Cuando son pequeños, los pingüinos viven con sus padres.

Tienen plumas como los pingüinos grandes.

También tienen patas, igual que los pingüinos grandes.

11

Estrategias para resolver palabras

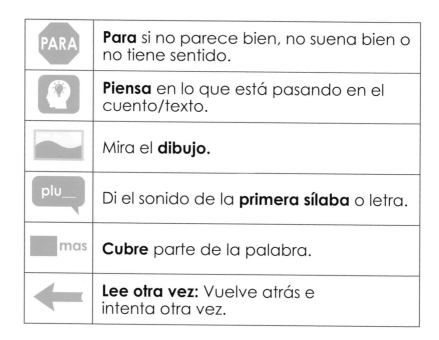

PARA	**Para** si no parece bien, no suena bien o no tiene sentido.
	Piensa en lo que está pasando en el cuento/texto.
	Mira el **dibujo.**
plu__	Di el sonido de la **primera sílaba** o letra.
___ mas	**Cubre** parte de la palabra.
←	**Lee otra vez:** Vuelve atrás e intenta otra vez.